Stratégie pour une France
plus compétitive et plus humaine

Bibliographie de Max Moreau

Le management pratique de l'entreprise,
Editions Economica.
Prix du meilleur ouvrage économique. FFF 79
La maîtrise de l'énergie,
Editions Economica.
L'économie de la Polyénergie,
Editions Economica.
Prix Sadi-Carnot, prix de l'Energie.
Energie : Guide Pratique en cent questions,
Editions Economica.
L'Embauchoir. Cent vingt réponses au plein-emploi,
Editions L'Harmattan.
La mousse bleue,
Roman, Editions Le Luy de France.
Télescopages,
Essai, Editions Atlantica.
Une brassée de roses-thé,
Roman, Editions Atlantica.
L'audace écarlate,
Roman, Editions du Compas.
Le révolté de Blagnac,
Roman. Editions Atlantica
Sixième B,
Roman. Editions Atlantica
Les choux de Bruxelles,
Roman. Editions Atlantica.

Le clandestin du Mato Grosso,
Roman, Editions L'Harmattan.
L'économie hybride pratique
Editions L'Harmattan
Le buveur d'aube rouge,
Roman, Editions L'Harmattan.
L'économie manipulée et floutée,
Editions L'Harmattan.
L'économie moderne et le trialisme républicain.
Editions L'Harmattan.
L'embauchoir. Réédition.
Editions L'Harmattan.
Immersions
Editions L'Harmattan.
Dispersions
Editions L'Harmattan

Chroniques
La Gestion prévisionnelle de l'entreprise. C.J.P.
La Productivité du bâtiment. Batibat. F.N.B.
Un Manager efficace pour une entreprise performante.
La Maîtrise du Temps, source de performance.
La Formation de la maintenance dans l'Hôtellerie.
Le Marketing des Economies d'énergie.
Incendies : l'Expert spécialiste ou généraliste ?
Internet : moteur ou frein au Management performant ?
Les enjeux économiques français à l'aube du millénaire.
Réceptions Académie Béarn Thierry Moulonguet, Jean Poulit.
*L'économie en jachère,*éditions L'Harmattan.

Nouvelles
Gazon pervers. Golf européen.
Mirages. Escales d'auteurs. ACCOR.

1. La France enfiévrée

Synthèse du Diagnostic

Le diagnostic est le premier maillon du système décisionnaire économique.

La France - superficie 690.922 km2, population 65 millions 350, croissance démographique positive, indice de fécondité 2, 5ème puissance mondiale, PIB 2.800 milliards de dollars, PIB/habitant 34.000 dollars/hab. 11 ème rang UE 39ème rang mondial, second producteur mondial d'énergie nucléaire (75% de la production d'électricité 520 TWh), secteurs d'excellence : aéronautique, spatial, automobile, armement, pharmaceutique 50 milliards d'euros, recherche biomédicale, agro-alimentaire 1er secteur industriel national 105 milliards d'euros.

1er producteur agricole de viande bovine et de volailles de l'UE, filière bois en expansion, viticulture de prestige et de grande consommation importante, luxe 36% du marché mondial en forte expansion, commerce 50% par grandes surfaces. Elle possède un réseau de grandes entreprises à rayonnement mondial. C'est aussi le nœud névralgique des déplacements européens, la première destination touristique mondiale, la deuxième zone maritime mondiale, au climat tempéré, le pays où, dans l'ensemble, il fait bon vivre. Malgré ses multiples atouts, la France souffre de tares endogènes et de contraintes exogènes pénalisantes.

TARES ENDOGÈNES :

- **Etat** :
- Déficit des finances publiques 148 milliards €, 5,3% PIB, *Le déficit et la dette sont les cicatrices d'une nation à la dérive.*
- Dette 1.750 milliards €, 26.600 €/habitant ; elle engendre des inquiétudes : baisse consommation des ménages et des investissements des entreprises (trop faibles et en régression constante).
- Dépenses insoutenables de l'Etat, des collectivités territoriales et des régimes sociaux. Le niveau des dépenses publiques, donc le niveau d'imposition, est parmi les plus élevés au monde.
- Pesanteur du système constitutionnel qui alourdit les impôts pour le financer, paralyse la compétitivité et éloigne le citoyen des centres décisionnels.

- **Economie** :
- Croissance du PIB insuffisante de 1,70%, dont la composante essentielle est la consommation.
- Population active insuffisante de 28,3 millions, chômage réel insupportable 4,2 millions. Taux d'emploi 37,4%,
- Economie fragilisée, car axée sur le secteur tertiaire avec 72% de population active,
- Industrie : elle n'est plus le maillon fort d'entraînement de l'économie ; faiblesse du secteur 18,6% population active, insignifiance des ETI, Entreprises de Taille Intermédiaire, 2ème exportateur européen, 5ème exportateur mondial des produits manufacturés ;

la valeur ajoutée de l'industrie a baissé de 24 à 13% du PIB en 30 ans.

- Balance commerciale déficitaire de 70 milliards €, conséquence d'une compétitivité dégradée et d'une insuffisante organisation commerciale à l'export.
- Recherche & Développement : 1,9% PIB faible.
- Energie : facture énergétique 2,5% PIB, importations diversifiées (pétrole + gaz 157 Mtep), taux d'indépendance énergétique rectifié 33% insuffisant.

  Sa part contributive représente 50% du solde commercial négatif. L'industrie de l'énergie représente 200.000 emplois, 1,9% PIB.
- Economies d'énergie, seulement réactivées lors des crises successives (réaction et non action préventive).
- Energies renouvelables : créativité et redéploiement insuffisants afin de compenser le ralentissement continu et le démantèlement progressif des centrales thermiques nucléaires.
- Infrastructures de transport : vulnérabilité aux conditions climatiques extrêmes.

- **Absence d'un MASTER PLAN prioritaire ambitieux de ré-industrialisation.**
- Travail : 35 heures x 45 semaines (5 semaines de congés) x 35 ans = 55.000 heures (production d'une vie employée par individu) insuffisantes dans la compétition mondiale pour assurer un minimum de prestations sociales et un niveau de vie décent.

  Absence de recherche ergonomique (le travail est vécu comme une corvée et non comme une œuvre)

Refus d'une répartition des profits en 3 tiers égaux (actionnariat, management, salariat).

Acceptation de 13,2% de pauvres sous le seuil de pauvreté fixé à 60% du salaire moyen.

Acceptation d'une criante inégalité de salaires avec les rémunérations les plus élevées, indécentes.

Les salariés sont trop souvent considérés comme une variable d'ajustement.

Réglementation compliquée, frein à la mobilité, à la flexibilité, mais ne protègent pas les travailleurs par un CDI unique et un SMIC décent.

- Système éducatif : Oubli que l'atout primordial du capital humain des travailleurs est leur niveau d'éducation.

  Retour balbutiant de l'instruction civique et de l'enseignement de la morale.

  Indifférence au fonctionnement de l'entreprise.

  Pas assez d'alternance dans l'éducation « enseignement-entreprise ».

  Déplorable classement mondial des universités et des grandes écoles françaises.

- Administrations : Les dépenses et recettes publiques se répartissent en 20% collectivités territoriales, 40% Sécurité Sociale, 40% Etat.

  Le taux Fonctionnaires / Population au travail est de 20,4% (important).

- Fiscalité : Prélèvements obligatoires 44,5% du PIB, supérieurs de 4 points à la moyenne européenne.

  La fiscalité est plus contraignante que dans l'ensemble des pays de l'UE et devient confiscatoire avec un taux > 50% dans certains cas.

Les prélèvements sociaux sont également contraignants en raison de l'accroissement de la durée de vie (coûts de santé et des retraites).

L'ensemble de la fiscalité élevée pénalise la consommation des ménages et la compétitivité des entreprises et par conséquent a un effet boomerang.

Instabilité et rétroactivité de la fiscalité.

- Sociologie :
- Les années de crise créent chez les jeunes un état d'esprit favorable à l'instruction, à la dépendance générationnelle, à la recherche anxieuse d'un travail dans un secteur abrité, à la fondation tardive d'un foyer, à la préférence pour la location par rapport à l'achat d'un logement, à la dépense plus qu'à la thésaurisation, et, pour une minorité, à l'expatriation ou à la création de leur entreprise, dans l'espoir d'une vie meilleure.

  La question n'est plus « Où, quand, comment gagner rapidement de l'argent ? » mais « Comment se protéger de la tourmente économique ? ».
- La majorité de la population est endoctrinée dans des systèmes corporatistes et communautaires, et les élites, avec un esprit d'exclusion exacerbé, préservent leurs privilèges dans des cercles, des castes ou des clans, dont les préjugés peuvent parfois heurter l'intérêt général républicain et fragmenter la nation.
- Paradis fiscaux : 4 critères définissent un paradis fiscal : impôts inexistants ou insignifiants, absence de transparence, législation empêchant l'échange d'informations, tolérance de sociétés écrans fictives.

  Les mesures de lutte contre les paradis fiscaux par lesquels transitent 50% des transactions mondiales (commissions et rétrocommissions), contre le blanchiment d'argent issu de la corruption et du trafic de drogue sont insuffisantes malgré quelques légers progrès récents.

- Niches fiscales : une niche fiscale est une dérogation fiscale (dépense fiscale) qui permet de minimiser l'impôt du contribuable. Il existe un peu plus de 500 niches fiscales et sociales qui représentent quelque 80 milliards € de perte de revenu pour le budget de la nation. Toute dérogation à l'imposition normale est une niche fiscale. 15 niches coûtent 50% de l'ensemble. Certaines de ces niches sont destinées à favoriser partiellement l'emploi.

- **Tares biologiques** : lorsqu'ils s'agrippent au pouvoir politique ou managérial, les tares humaines flétrissent nombre d'individus imbus de préjugés : cupidité, esprit de favoritisme, de copinage et de piston, arrogance propre aux imbéciles qui s'arrogent le droit d'abuser de leur autorité et de la crédulité des esprits gobeurs remarquant seulement l'apparence, pour mieux les asservir. L'argent est un virus qui altère l'âme de celui qui l'héberge et cherche à contaminer ceux qui n'en ont pas. Instrument de mesure et d'échange du capitalisme, il enfièvre ses possesseurs et aveugle ceux qui en sont privés.
- Permissivité de l'amoralité :
- Corruption : la France est au 25ème rang suivant Transparency International. Ce manque de probité, dénoncé sur le plan moral et par les différents rapports de Bruxelles, est une pratique détestable sur le plan économique par son influence négative sur le

PIB (0,3 à 0,4% soit autant que les niches fiscales exotiques). Balayons devant notre porte ! Les mesures anti-corruption sont faibles et limitées.

- Conflits d'intérêt : Un conflit d'intérêt survient quand les intérêts personnels d'une personne ayant à accomplir une mission ou une fonction d'intérêt général sont en concurrence avec celle-ci, ou lorsqu'elle profite de sa situation pour bénéficier d'avantages personnels, familiaux ou amicaux.

  La morale flirte avec l'indélicatesse et l'éthique tutoie le passe-droit.

  Gouvernants, politiques, élus, hauts fonctionnaires, patrons de grands groupes industriels, banquiers, experts médicaux, experts consultants, avocats d'affaires peuvent être confrontés à ce genre de situation (voir le rapport du déontologue accablant les députés).

  Il n'existe pas en France de règles déontologiques. On tente de compenser cette absence par l'enfumage d'une commission de réflexion sur la prévention des conflits d'intérêt.

  Or, le conflit d'intérêt est assez simple à définir : tout ce qui touche de près ou de loin, directement ou indirectement à la concurrence entre les intérêts privés et les intérêts publics. Une seule réponse simple pour les honnêtes gens : refuser la mission.

- Absence d'une Stratégie claire et reconnue en matière économique.

CONTRAINTES EXOGÈNES PÉNALISANTES :

- Crise économique mondiale de 2008 : commencée aux Etats-Unis par la crise immobilière des *subprimes*, elle entraîne un ralentissement de l'activité internationale, un accroissement du déficit national, du chômage, ouvre une crise financière et provoque une perte de confiance.
- Crise financière : pour sauver les banques, l'Etat joue son rôle de bon samaritain et creuse la dette. Les banques frileuses restreignent leur crédit et concourent à la récession.
- Dérégulation financière : après le recyclage des pétrodollars et le développement du marché des eurodollars, la dérégulation des marchés financiers a marqué une étape dans la globalisation des marchés financiers (financiarisme).

  Processus de dérégulation financière sur 20 ans :

  1984 : loi bancaire déréglementant le métier bancaire ; 1986 : acte unique européen, marché intérieur, espace sans frontières, libre circulation des marchandises, des personnes et des capitaux. *L'unanimité est nécessaire pour les mesures constituant un recul en matière de libéralisation des mouvements des capitaux* ; 1986 : Loi Bérégovoy sur la déréglementation financière (déréglementation, désintermédiation, décloisonnement, désinflation).

  Le FMI a établi un index de libéralisation financière combinant 7 paramètres (contrôle du crédit, contrôle des taux d'intérêt, droits de douanes, réglementation bancaire, privatisations, contrôle des capitaux, contrôle des opérations de Bourse), Index 3 pour la France sur des indices de 1 à 3.

Si l'abolition des réglementations a facilité la circulation internationale des capitaux, a capté l'épargne mondiale pour financer les déficits budgétaires nationaux, elle a favorisé les placements spéculatifs, a fragilisé le système et provoqué des turbulences qui l'ont déséquilibré ; elle a aussi amplifié les phénomènes de surréaction des marchés financiers.

La voyoucratie pernicieuse et l'amoralité diabolique bancaires ont imaginé des produits toxiques spéculatifs qui ont favorisé l'éclatement des bulles financières.

- Compétition mondiale de la globalisation des marchés : accentuation de la compétition entre entreprises et nations, exigence de compétitivité, induction de chômage pour les moins performants.
- Variation et progression continue des cours du pétrole : elles déséquilibrent notre balance commerciale.
- Embargo sur les terres rares : il asservit notre économie des secteurs de pointe (électronique) au bon vouloir des pays producteurs, notamment de la Chine.
- Pauvreté endémique africaine : elle conduit à une déferlante migratoire vers l'eldorado de l'UE.
- Instabilité géopolitique : menace de conflits armés (Moyen-Orient).
- Terrorisme international : il induit des mesures sécuritaires, un coût, une inquiétude.

Max Moreau

Stratégie pour une France plus compétitive et plus humaine

L'Harmattan

5-7, rue de l'École-Polytechnique, 75005 Paris

http://www.librairieharmattan.com
diffusion.harmattan@wanadoo.fr
harmattan1@wanadoo.fr

ISBN : 978-2-296-99416-4
EAN : 9782296994164

2. Stratégie française

Compétitivité Humanisme

« L'indécision inflige à l'homme
la tyrannie de sa perversion »

La **stratégie économique** est le deuxième maillon du système de décision économique. Elle est plus indispensable que jamais, étant donné l'aggravation des incertitudes extérieures liées à la globalisation des marchés, au terrorisme, aux flottements géopolitiques et au renforcement des interdépendances internes à tous les niveaux.

La **stratégie économique** est la base schématique, la manière d'organiser l'économie de la nation consistant à adopter une gamme de mesures la plus complète possible pour préserver son indépendance, assurer sa compétitivité internationale et obtenir le bien-être de ses citoyens. *Au sein de la nation, la stratégie économique est un idéal pour transcender les citoyens, tracer une ligne d'orientation et obtenir leur consensus. C'est la vocation économique nationale.* La stratégie économique est un idéal défini par l'utilité des services rendus aux citoyens et à la collectivité nationale, pour satisfaire les besoins fondamentaux des hommes : besoin de sécurité, d'estime, d'utilité, de justice et de bien-être.

Elle tient compte des degrés d'asservissement aux contraintes endogènes et exogènes et à leurs évolutions probables, ainsi qu'aux courants observables des flux de progrès.

La formulation de la stratégie économique globale par le **plan stratégique** est l'alliage d'éléments rationnels et intuitifs, composé du respect du trialisme républicain, des axes stratégiques et des objectifs stratégiques globaux.

1. LE RESPECT DU TRIALISME RÉPUBLICAIN

L'économie moderne exige une nouvelle interprétation du trialisme *Liberté - Egalité - Fraternité*, fondement de l'idée républicaine, en accord avec l'émergence de nouveaux pouvoirs, de la globalisation des marchés, de la libre circulation des hommes dans l'UE et des découvertes technologiques récentes. Il s'agit d'amender et d'organiser la devise républicaine conformément aux besoins et aux désirs de l'homme moderne, aux valeurs universelles des droits de l'homme et à la protection de l'environnement.

Cinq pouvoirs tendent à contester de manière quasi irréversible les fondements républicains : celui des oligopoles multinationaux dominants, celui de la nébuleuse financière internationale, l'informationnel médiatique et numérique (Web), celui de la société civile (acteurs et associations autoproclamés), enfin le pouvoir territorial.

La stratégie économique, par des mesures appropriées, doit contenir ces différents pouvoirs qui amenuisent l'autorité républicaine.

La liberté économique et ses restrictions : conventions collectives professionnelles, normes, règles de branches professionnelles, droit d'entreprendre, du travail, d'embauche, droit de grève, convention collective, règlement d'entreprise, liberté syndicale, échelle de rémunérations, pratiques coutumières.

Deux forces antagoniques s'affrontent dans ce module restrictif de liberté qui, par ses seuils, révèle son coefficient d'asservissement :

- D'une part, le resserrement des limites qui accentue les contraintes externes aux actions considérées comme libres, continuellement et graduellement en se rapprochant de la cellule de travail où l'antinomie de la liberté et de l'entreprise se révèle. Ces limites coercitives, nécessaires à la marche harmonieuse, quand elles sont destructrices d'initiatives et d'innovations sont poussées à l'extrême
- D'autre part, l'aspiration légitime de l'homme à accroître son espace de liberté économique, qui l'autorise à travailler, à être rémunéré, à faire valoir ses droits syndicaux et à consommer à sa guise. Il souhaiterait s'affranchir des discriminations au travail, obtenir la décentralisation des décisions économiques au plus près de l'action, recueillir la répartition tripartite des profits afin de s'impliquer personnellement pour la réussite nationale.

Le solidarisme étant l'exigence primaire de l'économie moderne, il s'agit de définir, en concertation avec tous les acteurs, l'épaisseur et les dimensions du lien indissoluble qui se noue entre la liberté individuelle et la liberté collective de l'entreprise, et les libertés publiques territoriales et nationale.

L'inégalité chronique : L'égalité morale, le respect, la dignité, l'égalité civique devant la même loi pour tous, l'égalité socio-économique qui recherche l'harmonisation des conditions d'existence et de travail (mérites et besoins individuels), l'égalité politique qui entraîne forcément l'inégalité des pouvoirs, l'égalité des chances, doctrine du libéralisme et l'égalité contre les discriminations représentent les diverses formes d'égalité.

L'égalité et la liberté peuvent entrer en conflit d'intérêt dans leur application pratique de l'univers socio-économique et entraîner l'iniquité et l'injustice.

Toute inégalité économique ou sociale n'est tolérable que :

- Par le principe de différence : elle permet d'améliorer le sort des plus défavorisés (salaires élevés, mais non indécents, de dirigeants qui contribuent à élever le niveau de vie de leurs employés).
- Par le principe de juste égalité des chances, *equality of fair opportunity* : elle permet à tous de poursuivre leur ascension sociale garantie par un système scolaire et universitaire égalitaire.

L'égalité des chances se conçoit comme notion de politique publique qui souscrit à l'égalité des hommes et des femmes, dans le domaine de l'emploi et dans les politiques éducatives. Car l'univers socio-économique cohérent et ordonné requiert une identité collective juste.

Fraternité vacillante : citée dans le 1er article de la Déclaration universelle des droits de l'homme, elle est le lien existant entre les hommes considérés comme membres de la famille humaine nationale qui participent à un même idéal. C'est le sentiment profond de ce lien.

Elle s'apparente à un droit inaliénable, à une obligation morale, à la coexistence et à la solidarité. C'est un devoir d'urgence qui doit repousser l'inégalité en préservant la différence.

Agrégat majeur de la compétitivité, elle exige un certain altruisme et une conscience humaniste de dévouement pour le bien communautaire équitablement partagé, pour cimenter la liberté à la fraternité. Ce nœud fraternel s'affermit dans l'épreuve.

Justification éthique et déontologie : la morale définit les principes et les lois générales normatives du bien et du mal, soumettant l'action humaine au devoir avec pour but le bien. Elle est binaire : bien ou mal.

L'éthique est une discipline philosophique individuelle pratique et normative qui indique aux hommes comment agir selon les contraintes des situations.

Que dois-je faire au mieux dans telles circonstances ?

Elle s'appuie sur les valeurs, les vertus et la déontologie, l'ensemble des règles, des préceptes et des devoirs qui régissent une profession.

La lutte contre la corruption, contre l'exil vers les paradis fiscaux et contre les conflits d'intérêts repose sur la double dimension éthique et morale et doit faire l'objet d'une formalisation.

2. LES AXES STRATÉGIQUES

Les axes stratégiques élaborés en concertation avec un pool d'économistes, planifiés sur 3 ou 5 ans, assurent la cohérence des décisions, diminuent par la planification les effets de crises conjoncturelles et évitent des prises de décision en catastrophe. Il convient aussi d'imaginer des stratégies de réserve induites de divers scénarios économiques possibles qui faciliteront une adaptation rapide de la nation.

La Nation maîtrise et circonscrit les contre-pouvoirs en limitant l'offre des oligopoles qui exercent sur le territoire national ; elle se bat dans les instances internationales pour imposer une nouvelle régulation financière internationale ; elle met en place des pare-feux pour contrer la désinformation numérique du Web elle associe la société civile aux décisions majeures en créant un pool d'économistes indépendants (transversalité pluridisciplinaire, économistes + scientifiques) qui propose un programme socio-économique français orienté sur le long terme, indépendant des échéances électorales ; elle définit les limites harmonieuses du pouvoir territorial pour permettre par la décentralisation de prendre les meilleures décisions au plus près de l'action, par l'allocation des crédits.

Les mesures sociales et fiscales respectent la liberté économique, combattent l'inégalité chronique, honorent la fraternité. (exemple taux de TVA différents)

3. LES OBJECTIFS STRATÉGIQUES GLOBAUX 2015

Les objectifs stratégiques globaux 2015 concernent la structure économique de la société française et son évolution. Ce sont les constituants fonctionnels de la stratégie.

1. Population 64.900.000 hab,
2. Croissance économique + 3% PIB,
3. PIB/Habitant 35.000 €,
4. Inflation 0,0
5. Budget 260 mds d'€,
6. Solde budgétaire -30 mds d'€,
7. Prélèvements obligatoires 35% du PIB,
8. Chômage 4% de la population active,
9. Population active 29.000.000 hab,

10. Prix consommation des ménages + 0,5%,
11. Epargne des ménages 20% du revenu disponible,
12. Production industrielle + 15%,
13. Solde commercial + 40 mds d'€,
14. Solde création d'entreprise 500 PME-PMI, 100 ETI,
15. Solde Sécurité Sociale – 5 mds d'€,
16. SMIC 10 $/heure,
17. Montant du déficit 30 mds d'€,
18. Montant de la dette 1.470 mds d'€.

3. Mesures pratiques

Pour une France idéale

Après l'échec des mesures homéopathiques,
la nécessité de mesures chirurgicales

PRÉCONISATIONS : 10 IDÉES FONDATRICES

Réduire le déficit et maîtriser la dette.

1. La voix de la France. Négociations Internationales

- Plaider la régulation renforcée, la prévention et la surveillance du système monétaire et financier international (éradication de la titrisation et des produits structurés).

- Soutenir le renforcement des moyens de coercition et des standards internationaux de l'OCDE concernant les paradis fiscaux.

- Défendre la cause de la gouvernance de l'Union Européenne.

***2. Alléger les structures de l'Etat** et la pesanteur du système.*

- Respecter les critères de Maastricht.

- Regrouper Sénat-CESE : 250 pers. Assemblée Nationale : 150 pers.

- Regrouper Grandes Régions de taille critique compétitive type Lander.

- Réduire à 7 niveaux le système constitutionnel, d'où suppression du département (efficacité, économie).

- Resserrer le gouvernement à 15 ministères.

- Réduire la voilure de la Fonction Publique, la réorganiser et la réorienter (ex : hôpital ou déambulatoire ?).

- Fixer des critères de convergence territoriaux fondés sur des indicateurs économiques (taux des dotations de l'Etat, des impôts et des taxes, de frais de personnel,...) que doivent respecter les collectivités territoriales.

3. Lutter contre la corruption

- Délit pénal pour le harcèlement corrupteur.

- Opération « mains propres » conduite par des magistrats et des policiers spécialisés pour un traitement identique des corrupteurs et des corrompus.

- Institution de standards d'éthique pour entreprises privées, publiques, banques, syndics de faillites, entreprises cotées (éthique anglo-saxonne), et de règles déontologiques.

- Restriction à deux mandats électifs consécutifs de 5 ans pour tout type d'élection (rajeunissement, connivences).

- Suppression des commissions ad hoc. (voir CESE).

- Renforcement du contrôle d'attribution des marchés publics et des schémas d'urbanisme.

- Contrôle de l'évasion fiscale vers les paradis fiscaux.

- Sanctions pour les acteurs de conflits d'intérêt.

4. Faciliter les désirs démographiques

- Harmoniser la vie familiale avec la vie professionnelle : congé maternité, crèche, modes de garde, aide à la personne, transport.

- Faciliter les démarches de santé civiques, éducatives : 1er examen prénatal, déclaration de grossesse, accouchement.

- Développer la mission éducative des parents : fiche des devoirs éducatifs parentaux dans Livret de Famille et Carte de Séjour, formation par puéricultrice.

- Eveiller la créativité et l'esprit d'entreprise des jeunes enfants. C'est à cet âge que surgissent beaucoup de vocations par les exemples de réussite.

- Suivi longitudinal, de la crèche au bac, de l'apprentissage civique et de la morale.

- Refonder en 3 phases le système d'éducation et de formation continue : apprentissage des connaissances théoriques et pratiques, alternance enseignement-entreprise, formation continue, permanente, qualifiable, transférable. Préparer les jeunes à avoir au moins 3 métiers différents dans la vie active.

- Revaloriser l'enseignement supérieur et la recherche : améliorer la gouvernance des universités, les financer en fonction des résultats, améliorer le statut des enseignants-chercheurs, augmenter le flux des diplômés et les crédits recherche, favoriser les « trouveurs ».

- Nécessité de développer le foncier (maîtrise des coûts).

5. Créer un pool d'économistes indépendants

- Transversalité pluridisciplinaire : Economistes + scientifiques.

- Proposer un programme socio-économique français orienté sur le long terme, indépendant des échéances électorales (suppression du jeu : défaire les réalisations de la formation politique précédente).

Leviers d'influence pour l'emploi

6. Accroître l'emploi productif

- Force et volonté des entreprises et des entrepreneurs ; liberté d'entreprendre.

- Allongement de la durée du travail sur une vie active. 40 heures, 4 semaines congés, 45 ans travail et cotisations 2.000 milliards d'heures productives, incidence PIB + 0,6%.

7. Valoriser le travail

- Apprentissage : avec des tuteurs valorisant le métier.

- Valorisation, ergonomie des tâches.

- CDI unique avec, pour la cessation d'activité, un préavis de 3 mois et un pacte de reconversion.

- Fixation des règles de mobilité et de flexibilité.

- Intéressement au travail par la répartition des profits en 3 tiers : actionnariat, management, salariat.

8. Fixer des limites aux contributions sociales & fiscales pour préserver la compétitivité

- Prélèvements obligatoires 35% PIB.

- Suppression des différenciations fiscales. Taux de TVA identiques tous secteurs. Suppression de toutes les niches fiscales (dérogations temporaires pour les 3 niches ayant un effet majeur sur l'emploi : restauration 1 an, travaux habitat 2 ans, aide à domicile 3 ans).

9. Partager l'effort social de contribution solidaire

- Répartition équitable en 4 quarts, sous l'égide de la Cour des Comptes qui vérifie l'égalité des 4 contributions :

** Salariés : 40h/s, 4 semaines congés, 45 ans travail,*

** Employeurs : + 0,5% charges patronales,*

** Investisseurs : + 0,5% sur les transactions financières,*

** Gros revenus : + 1% sur tranche supérieure IRPP.*

10. Les 7 volets de la réindustrialisation ambitieuse

- Politique INDUSTRIELLE revigorée, équilibrant le tissu industriel, développement des secteurs d'excellence, 100 clusters, le très haut débit, les usages du numérique, les sciences du vivant, les bassins de reconversion, promouvoir les ETI pour l'export. France QUALITY (compétitivité, qualité, maintenance) remplace MADE IN FRANCE.

- Politique ENERGETIQUE, augmentation du taux d'indépendance, démantèlement progressif de la filière électro-nucléaire et remplacement par le nucléaire de demain, les énergies renouvelables et décarbonées et les économies d'énergie. Diversification des approvisionnements.

- Politique AGRICOLE orientée vers le marketing, la qualité, le bio, la protection de la nature et de la santé.

- *Politique des SERVICES, artisanat, commerce, professions libérales.*

- *Politique de la FONCTION PUBLIQUE qui délimite les contours de l'Etat opérateur.*

- *Politique de la RECHERCHE et de L'INNOVATION, fer de lance de l'industrie, pour stimuler l'effort de recherche.*

- *Politique du PLEIN-EMPLOI ACTIF connexe des précédentes.*

Les mesures économiques n'appartiennent pas à celui qui les propose, mais plutôt à ceux qui les mettent en œuvre.

Le génie inventif de l'homme : c'est dans le cerveau de l'entrepreneur, du chercheur innovant dans sa solitude, des alchimistes du développement qu'apparaît la vision des produits et des services originaux de demain.

Crédités par la chance et le hasard, projetons nos regards anticipateurs sur **l'économie de demain**.

Des esprits curieux proposent des solutions pour diminuer le chômage, faire des économies sur les dépenses, orienter les investissements productifs. Pourquoi ne pas les fédérer et expérimenter leurs propositions, d'abord à faible échelle pour les valider, puis les généraliser ?

Notre société du superflu se métamorphose en société de la nécessité. Aujourd'hui est un autre jour, et ne recherchons pas dans l'histoire et la tradition ce qui s'offre à nous aujourd'hui. Inventons une nouvelle économie plus raisonnable et plus humaine, qui n'oblitère pas notre droit fondamental : le droit de rêve.

En Béarn, Max MOREAU
28 mars 2012

Il n'est pas dans mon propos de me confiner dans l'extrême rigueur et la gravité de l'économie.

Souffrez par contraste quelque légèreté.

J'observe qu'avec le rythme quinquennal l'année qui précède l'élection présidentielle est primordiale sur le plan économique. Le gouvernement prend une série de mesures qu'il a différées ou auxquelles il n'a pas pensé durant les 4 années précédentes. L'opposition n'est pas en reste pour présenter des propositions qu'elle a ignorées jusque-là. C'est la priorité de l'économie d'élection sur l'économie d'action.

Aussi je propose, pour réussir les réformes économiques d'envergure, d'institutionnaliser un rythme annuel pour l'élection présidentielle !

L'HARMATTAN, ITALIA
Via Degli Artisti 15 ; 10124 Torino

L'HARMATTAN HONGRIE
Könyvesbolt ; Kossuth L. u. 14-16
1053 Budapest

ESPACE L'HARMATTAN KINSHASA
Faculté des Sciences sociales,
politiques et administratives
BP243, KIN XI
Université de Kinshasa

L'HARMATTAN CONGO
67, av. E. P. Lumumba
Bât. – Congo Pharmacie (Bib. Nat.)
BP2874 Brazzaville
harmattan.congo@yahoo.fr

L'HARMATTAN GUINÉE
Almamya Rue KA 028, en face du restaurant Le Cèdre
OKB agency BP 3470 Conakry
(00224) 60 20 85 08
harmattanguinee@yahoo.fr

L'HARMATTAN CAMEROUN
BP 11486
Face à la SNI, immeuble Don Bosco
Yaoundé
(00237) 99 76 61 66
harmattancam@yahoo.fr

L'HARMATTAN CÔTE D'IVOIRE
Résidence Karl / cité des arts
Abidjan-Cocody 03 BP 1588 Abidjan 03
(00225) 05 77 87 31
etien_nda@yahoo.fr

L'HARMATTAN MAURITANIE
Espace El Kettab du livre francophone
N° 472 avenue du Palais des Congrès
BP 316 Nouakchott
(00222) 63 25 980

L'HARMATTAN SÉNÉGAL
« Villa Rose », rue de Diourbel X G, Point E
BP 45034 Dakar FANN
(00221) 33 825 98 58 / 77 242 25 08
senharmattan@gmail.com

L'HARMATTAN TOGO
1771, Bd du 13 janvier
BP 414 Lomé
Tél : 00 228 2201792
gerry@taama.net

Achevé d'imprimer par Corlet Numérique - 14110 Condé-sur-Noireau
N° d'Imprimeur : 89595 - Dépôt légal : juillet 2012 - *Imprimé en France*

www.ingramcontent.com/pod-product-compliance
Lightning Source LLC
LaVergne TN
LVHW051634071026
849535LV00009BA/3573
9782296994164